CONSEILLER EXPERT ET STRATÉGIES DE TRADING FOREX

PROPULSEZ VOTRE CONSEILLER EXPERT ET VOTRE TRADING FOREX AU NIVEAU SUPÉRIEUR

WAYNE WALKER

Copyright 2018 par Wayne Walker, tous droits réservés.

Ce livre a été rédigé dans le but de fournir des informations aussi précises et fiables que possible. Il convient de consulter des professionnels, le cas échéant, avant d'entreprendre l'une des actions cautionnées ici.

La présente déclaration est jugée équitable et valide par l'American Bar Association et le Committee of Publishers Association et est juridiquement contraignante sur tout le territoire des États-Unis. En outre, la transmission, la duplication ou la reproduction de l'un des travaux suivants, y compris des informations précises, sera considérée comme un acte illégal, qu'elle soit effectuée sous forme électronique ou imprimée. La légalité s'étend à la création d'une copie secondaire ou tertiaire de l'œuvre ou d'une copie enregistrée et n'est autorisée qu'avec le consentement écrit exprès de l'éditeur. Tous les droits supplémentaires sont réservés

.

Les informations contenues dans les pages suivantes sont généralement considérées comme un compte-rendu véridique et précis des faits, et en tant que tel, toute inattention, utilisation ou mauvaise utilisation des informations en question par le lecteur rendra toute action résultante uniquement de son ressort. Il n'y a aucun scénario dans lequel l'éditeur ou l'auteur de ce travail peut être de quelque manière que ce soit considéré comme responsable de toute difficulté ou de tout dommage qui pourrait leur arriver après avoir entrepris les informations décrites ici.

Table des matières

INTRODUCTION 5

CHAPITRE 1: L'anomalie du jour de la semaine 7

CHAPITRE 2: Premier raffinement : Stratégie de l'effet Jour de la semaine 17

CHAPITRE 3: Effet du jour de la semaine : introduction de la volatilité......... 25

CHAPITRE 4: Quels sont les profits réalistes à viser sur le marché ? 33

CHAPITRE 5: Croissance rapide à court terme contre croissance lente à long terme..37

CHAPITRE 6: Les géants contre les petits traders................................. 41

CHAPITRE 7: La stratégie de la martingale expliquée 49

CHAPITRE 8: Devenir des gagnants Comment les professionnels gèrent-ils leurs transactions ? 55

CONCLUSION 61

PROFIL DE L'AUTEUR 63

INTRODUCTION

Ce livre élargira vos connaissances en matière de trading en vous plongeant dans le monde du trading programmé et des stratégies avancées pour le forex et les actions. L'objectif de mes écrits est de vous fournir des informations pratiques et utiles sur le trading. Il n'y a pas d'histoires folles et incroyables, comme c'est souvent le cas pour vous et les autres lecteurs dans la littérature financière. Je préfère partager des choses intéressantes que j'ai vécues en négociant et donner un aperçu de la façon dont les choses fonctionnent réellement.

En tant qu'investisseur ou trader, vous tomberez un jour ou l'autre sur des articles en ligne indiquant "la meilleure stratégie de sortie". Vous trouverez également des articles de recherche et des livres expliquant les rendements moyens de diverses stratégies et fournissant des statistiques à leur sujet. Et si vous vous demandiez "est-ce qu'elles fonctionnent ?" et que vous commenciez alors le processus de test. En tant que trader, il est important de savoir comment les résultats simulés sont calculés et vous aurez également besoin qu'ils soient aussi précis que possible. Procédons au test de différentes stratégies et systèmes de trading.

Le format des trois premiers chapitres se présente sous la forme d'une aventure commerciale où une stratégie sera présentée, testée et finalement affinée.

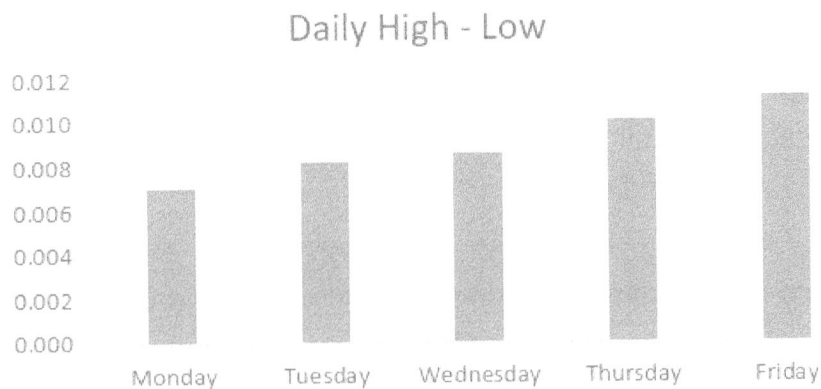

CHAPITRE 1:
L'anomalie du jour de la semaine

Grâce à des recherches, nous avons constaté que les actions et les autres marchés ont tendance à évoluer davantage le vendredi que le lundi. Pour tester cette hypothèse, nous disposons de données rétrospectives allant de 2001 à 2016. Nous utiliserons une répartition approximative de 80/20 où 80 % seront dans l'échantillon et le reste hors échantillon.

Note : Dans l'échantillon – Hors échantillon : C'est du langage statistique qui, dans la plupart des cas, signifie "utiliser des données passées pour faire des prévisions sur l'avenir". L'expression "dans l'échantillon" fait référence aux données dont vous disposez et l'expression "hors échantillon" aux données dont vous ne disposez pas mais que vous souhaitez prévoir ou estimer.

Le Signal

Tout d'abord, nous sommes confrontés au problème de l'heure d'été, qui nous oblige à décaler les paramètres horaires. Le Forex est le marché principal de notre test. Il y a eu un petit débat sur le moment de la journée qui serait optimal pour la transaction, devrions-nous nous en tenir à la clôture de la session européenne, new-yorkaise ou asiatique. Pour garder les choses relativement simples, nous allons simplement acheter à l'ouverture de la journée et conserver les positions jusqu'à l'ouverture du jour suivant.

Pour l'effet jour de la semaine du vendredi, nous achetons le vendredi à 00h00 et vendons le lundi à 00h00. Cela nous oblige à prendre en compte le décalage (week-end), mais nous ne le considérons pas comme un gros problème. Le temps ne devrait pas non plus être un facteur important, car les véritables déclencheurs de la volatilité se trouvent lorsque le marché est ouvert. Par conséquent, si nous ne fermons pas le vendredi soir mais que nous attendons le lundi, cela n'aura pas d'impact notable car le marché ne bouge pas lorsqu'il est fermé.

Données

La période couverte par notre échantillon est du 01.01.2001 au 31.12.2011 et la période hors échantillon est du 01.01.2012 au 01.06.2016. L'instrument que nous allons négocier est l'EURUSD.

Stratégie de base

Commençons par la stratégie de base sans modifier les paramètres. La stratégie est d'acheter sur le premier tick après 00.00 vendredi et de vendre le premier mouvement de prix le lundi (00.00). Nous avons eu quelques problèmes avec l'heure à cause de l'heure d'été, donc nous avons décidé d'acheter le premier tick du vendredi. C'est quelque chose de différent de ce qui a été fourni par les études précédentes utilisant Excel ou tout autre programme mesurant la variation moyenne des prix entre le jour de l'ouverture et la fermeture (ouverture du jour suivant). Nous utilisons des données tick et un simulateur qui simule l'environnement réel de trading pour obtenir un résultat aussi précis que possible.

Remarque : Tick : Un tick est une mesure du mouvement minimum à la hausse ou à la baisse du prix d'un titre. Un tick peut également faire référence à la variation du prix d'un titre d'une transaction à l'autre.

Premiers résultats

Pour commencer, nous n'avons pas inclus de stop-loss ou de take profit, nous nous sommes contentés de l'exécuter. Nous n'avons pas non plus fait d'autres ajustements sur la stratégie, notre période de test était du 01.01-2005 au 26.08.2016.

Les résultats ont été les suivants :

Results	
Average profit	-1.57
Sum profit	-897.84
Winning trade	297
Total trades	572
Standard dev	96.55
Relnumber	-0.39

Ils étaient décevants, le profit total était de -897. Il est clair que la stratégie de base a besoin de quelques ajustements pour améliorer nos résultats.

Ajout du filtre de tendance Moyenne mobile exponentielle

Nous avons appliqué le filtre de tendance 20 EMA, 60 EMA, et 100 EMA. Une moyenne mobile exponentielle (EMA) est un type de moyenne mobile similaire à une moyenne mobile simple, sauf qu'un poids plus important est accordé aux dernières données. Elle est également connue sous le nom de moyenne mobile à pondération exponentielle. Ce type de moyenne mobile réagit plus rapidement aux changements de prix récents qu'une moyenne mobile simple. Pour certains, cela peut sembler aléatoire, mais ce filtre a été choisi en raison du nombre de jours qu'il compte.

20 EMA = 20 jours de bourse dans un mois
60 EMA = 60 jours de bourse en trois mois
100 EMA = 100 jours de bourse, soit cinq mois.

Filtre de tendance : 20EMA>60EMA>100EMA

Le diagramme illustre ce filtre de tendance :

Vous pouvez voir qu'il n'ouvre des transactions que lorsque la 20 EMA (en vert) est supérieure à la 60 EMA (en jaune) et que la 60 EMA est supérieure à la 100 EMA (en rouge). J'aurais pu n'utiliser que 20 EMA>100 EMA mais cela aurait eu plus de volatilité ou de faux signaux d'entrée. Je voulais que les tendances à long terme (60 EMA>100 EMA) et à court terme (20 EMA>60 EMA) soient toutes deux à la hausse.

Nous avons obtenu les résultats suivants :

	Average profit	Sum profit	Winning trade	Total trades	Standard dev	Relnumber
The Basic Strategy	-2	-898	297	572	97	-0.39
20EMA>60EMA>100EMA	6	1832	178	322	86	1.19
20EMA<60EMA<100EMA	-12	-1831	68	147	103	-1.47

Afin de comparer deux ou plusieurs systèmes, il ne suffit pas d'examiner uniquement les bénéfices. En effet, le profit n'est qu'un des indicateurs. Ce qui est tout aussi important, c'est le nombre de transactions et la volatilité. Cela n'a pas de sens d'avoir un système avec un seul gros ou quelques transactions rentables et de nombreuses pertes. Ces quelques transactions rentables peuvent être aléatoires, il peut s'agir d'un cygne noir qui ne se reproduira probablement pas à l'avenir, c'est pourquoi nous ne voulons pas une trop grande variance. La formule pour ce terme est la suivante :

$$Rel = \frac{Average\ profit}{Standard\ deviation\ of\ profit} * \sqrt{\#\ of\ trades}$$

Vous pouvez généralement attendre de meilleurs rendements d'une stratégie comportant de nombreuses transactions qu'une stratégie n'en comportant que quelques-unes. En résumé, plus le nombre de Rel est élevé, meilleur est le système de trading.

Une chose que nous pouvons conclure est qu'en appliquant le filtre pour la tendance haussière, nous avons de meilleurs rendements que la stratégie de base. L'autre est que cette stratégie fonctionne mieux dans un marché à tendance haussière que dans un marché à tendance baissière, nous avons eu des rendements négatifs dans un marché baissier. Nous avons eu un nombre de ReI supérieur avec un filtre de tendance.

Filtre de volatilité

Notre opinion est que la volatilité est également un indicateur important. La volatilité est en constante évolution, donc la comparaison de la volatilité récente a également du sens. Nous comparerons la fourchette moyenne sur 10 jours à la fourchette moyenne sur 1 jour. Cela nous permettra de voir l'excès de volatilité et le contraire. Utiliser ces paramètres revient à dire que la volatilité d'aujourd'hui est comparée à la volatilité moyenne des 10 derniers jours de bourse (deux semaines).

Nous avons obtenu les résultats suivants:

	Average profit	Sum profit	Winning trade	Total trades	Standard dev	ReInumber
The Basic Strategy	-2	-898	297	572	97	-0.39
20EMA>60EMA>100EMA	6	1832	178	322	86	1.19
20EMA<60EMA<100EMA	-12	-1831	68	147	103	-1.47
ATR(1)>ATR(10)	-2	-356.74	73	143	82	-0.4
ATR(1)<ATR(10)	12	2188.62	105	179	88	1.9

Les résultats ont montré qu'une **volatilité excessive** le jeudi détruit cette stratégie, c'est-à-dire que si la fourchette du jeudi précédent est supérieure à la volatilité des deux dernières semaines, c'est mauvais pour la stratégie. Cependant, si le contraire est vrai, la fourchette est inférieure à la fourchette moyenne des dix derniers jours, nous gagnerons de l'argent avec cette stratégie. Si vous ne comprenez pas tout de suite, cela deviendra plus clair. Pour l'instant, sachez simplement que cette stratégie fonctionne bien lorsqu'il y a une **tendance à la hausse** et que **la volatilité est inférieure** à celle des deux semaines précédentes. En tant qu'investisseur ou trader, vous achèterez lorsque vous verrez que l'EURUSD est dans une tendance haussière à court et à long terme.

Nous avons également vu que nous avons amélioré l'indice Rel, nous avons fait moins de transactions mais avons augmenté les profits. Une diminution de la volatilité a augmenté notre indice Rel, ce qui est une bonne chose. Rappelez-vous que nous ne voulons pas parier, nous voulons seulement trader quand c'est approprié. Notre indice Rel est passé de 1,19 à 1,9.

Parier ou investir avec un risque calculé = Stop-loss !
Personnellement, j'évite de trader sans stop-loss, j'ai besoin de savoir ce que je risque sur chaque transaction particulière. En utilisant ma formule personnelle, j'ai calculé que le bon stop-loss pour cette stratégie est de 50 pips. Les résultats :

L'introduction du stop-loss diminue la volatilité. Vous pouvez voir que nous avons amélioré l'indice Rel et diminué le nombre de trades gagnants. L'augmentation de l'indice Rel signifie que plusieurs transactions ont évolué de plus de 50 pips contre nous avant de redevenir rentables. Pour moi, cela s'apparente à un jeu d'argent, je préfère exclure ces transactions et fixer un stop-loss à 50 pips.

Dimensionnement de la position et pourcentage fixe par transaction
Avez-vous déjà exécuté une transaction sans tenir compte du fait que si vous perdez plus qu'un pourcentage fixe de votre capital, vous devez fermer la transaction ? En trading, ce n'est pas recommandé. Je n'ouvre jamais une transaction sans calculer le risque. Nous allons maintenant aborder le concept d'une transaction à pourcentage fixe. Dans ce cas, la taille du lot sera fonction de notre stop-loss et d'une tolérance au risque de 1%. Vous prenez plus de risque lorsque vos capitaux propres

augmentent et vous en prenez moins lorsque vos capitaux propres diminuent.

Avec le dimensionnement des positions, nous avons augmenté notre bénéfice global, mais nous avons également augmenté la volatilité de notre courbe d'équité, ce qui a entraîné une légère baisse de notre indice Rel. Je préférerais inclure le dimensionnement des positions plutôt que de me fier à un indice Rel plus élevé.

	Average profit	Sum profit	Winning trade	Total trades	Standard dev	Relnumber
The Basic Strategy	-2	-898	297	572	97	-0.39
20EMA>60EMA>100EMA	6	1832	178	322	86	1.19
20EMA<60EMA<100EMA	-12	-1831	68	147	103	-1.47
ATR(1)>ATR(10)	-2	-356.74	73	143	82	-0.4
ATR(1)<ATR(10)	12	2188.62	105	179	88	1.9
50 pips SL	11	2024.08	87	179	66	2.3
Position sizing	13	2280	85	179	77	2.22

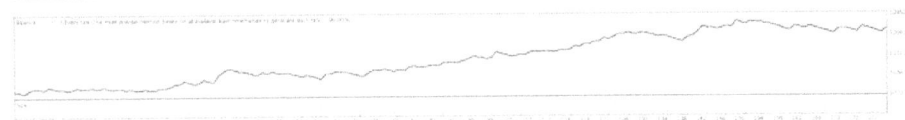

Courbe d'équité dans l'échantillon avec dimensionnement des positions

Test hors échantillon

Nous avons effectué un test hors échantillon sur la période du 01.01.2012 au 01.08.2016.

	Average profit	Sum profit	Winning trade	Total trades	Standard dev	Relnumber
The Basic Strategy	-2	-898	297	572	97	-0.39
20EMA>60EMA>100EMA	6	1832	178	322	86	1.19
20EMA<60EMA<100EMA	-12	-1831	68	147	103	-1.47
ATR(1)>ATR(10)	-2	-356.74	73	143	82	-0.4
ATR(1)<ATR(10)	12	2188.62	105	179	88	1.9
50 pips SL	11	2024.08	87	179	66	2.3
Position sizing	13	2280	85	179	77	2.22
Out of sample	5	189	19	37	49	1

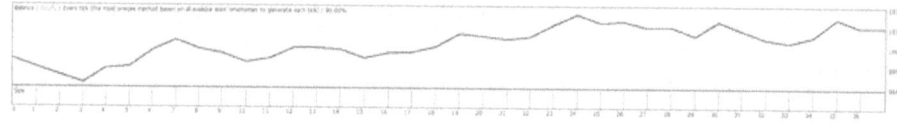
Courbe d'équité hors échantillon

Les résultats ne sont pas très prometteurs, nous avons obtenu un profit total de 189, l'équité de départ était de 10 000 USD, ce qui équivaut à un rendement de 1,89 %. Nous avons également obtenu un nombre Rel plus petit, ce qui n'est pas très bon. Le drawdown maximum reçu de 289 était bien supérieur au profit total. Évidemment, je n'étais pas satisfait de ces résultats.

Résumé
Nous avons pris plusieurs mesures pour améliorer la stratégie Day of The Week. Ce que nous pouvons dire avec certitude, c'est que vous ne gagnerez pas d'argent si vous incluez les frais de transaction dans la stratégie de base. Cette stratégie fonctionne mieux dans un marché à tendance haussière. En tant que trader expérimenté, je pense que l'horizon temporel pourrait être le problème. La stratégie aurait pu être plus rentable mais nous ne lui avons pas donné assez de temps. Le stop-loss de 50 pips est suffisant, mais d'un autre côté, nous avons fermé notre transaction le lundi, quels que soient les résultats. Il est nécessaire d'affiner la stratégie. Nous garderons la même stratégie d'entrée mais la gestion de la transaction doit être différente. Lorsque nous effectuons des transactions avec cette stratégie, nous devons inclure une fonction de prise de profit de la volatilité hebdomadaire ou un stop suiveur. Ces améliorations nécessaires seront vues dans les prochains chapitres.

CHAPITRE 2:
Premier raffinement : Stratégie de l'effet Jour de la semaine

Nous avançons pour effectuer notre premier ajustement de la stratégie de l'Effet Jour de la Semaine du dernier chapitre. La faiblesse de l'effet Jour de la semaine réside dans la manière traditionnelle de le négocier. Cette faiblesse consiste à fermer la transaction le lundi matin, car vous prenez un certain risque même si vous utilisez un stop-loss. Cependant, si vous ne donnez pas assez de temps à la transaction, vous n'obtiendrez pas le maximum de profit possible. Une règle simple mais respectée du trading est de "réduire vos pertes et laisser courir vos profits".

Après avoir examiné la stratégie, j'ai réalisé qu'elle ne gagnait de l'argent que parce qu'elle avait quelques bons trades qui ont bougé de 300 à 400 pips pendant une journée. Malheureusement, cela est peu fréquent et comprend de nombreux drawdowns que je préférerais ne pas avoir dans mon portefeuille. Nous allons maintenant voir la différence d'équité en utilisant différentes manières de gérer le trade, notre signal d'entrée reste le même. Vous verrez également pourquoi il est important d'inclure la volatilité dans la planification.

Méthode

Nous utilisons le même signal de trading, mais le vendredi nous ouvrons avec 20EMA>60EMA (nous avons exclu la 100 EMA cette fois). La taille du lot sera de 0,1 et le solde de départ du compte sera de 10 000 USD. Le relevé de clôture du lundi est supprimé et nous n'avons qu'un stop-loss et un take-profit. Nous divisons les données, en échantillon et hors échantillon. Dans l'échantillon, nous allons optimiser les différents paramètres et ensuite effectuer un test hors échantillon pour voir si la stratégie optimisée fonctionne bien ou non. Nous augmentons également la fourchette de nos données en échantillon 01.01.1990-01.01.2012. Nous utiliserons un stop-loss, un stop suiveur et un breakeven serrés. Nous avons appelé cette méthode No Vols car nous n'inclurons pas la volatilité dans les tests.

Stop-Loss et Take Profit

Nous avons optimisé le stop-loss et le take-profit entre 100 et 600 pour voir si les résultats se maintiennent. Elle a obtenu un stop-loss optimal de 400 et un take-profit de 600. Nous avons obtenu un bénéfice total de 86 413 et un nombre Rel de 7,09 que nous ne pouvons pas encore comparer car dans ce test nous avons inclus 11 années supplémentaires de données antérieures. Il est nécessaire de combiner cette méthode avec d'autres méthodes de gestion des transactions et de voir laquelle est la meilleure à gérer après l'exécution d'une transaction. Ce que nous pouvons comparer est le profit moyen, il a augmenté à 138, alors qu'il n'était pas supérieur à 2,2 dans le test précédent, simplement parce que nous avons permis à notre transaction de durer plus longtemps

Methode	Average profit	Sum profit	Total # of trades	Winning # of Trades	Standard deviation of profit	Rel #
Only SL & TP	138 $	86,413	357	626	486.8007082	7.09

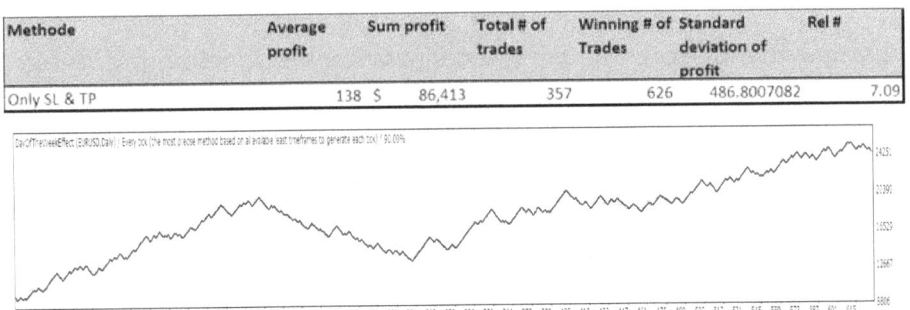

Diagramme montrant l'équité avec seulement le stop-loss et le take-profit. Ici et sur les autres diagrammes, SL=Stop Loss et TP=Take-profit.

Stop-loss, Take-profit et seuil de rentabilité

La plupart des traders connaissent le seuil de rentabilité. C'est là que vous modifiez vos stops lorsque le marché a bougé d'un certain montant en votre faveur, ce qui était inclus dans notre stratégie. Il est bon d'avoir un seuil de rentabilité car si vous ne l'utilisez pas, il y a un risque qu'après avoir réalisé un profit, vous terminiez la transaction avec une perte. Nous avons réalisé un profit de 71 480 USD et un nombre de Rel de 6,99, un peu plus faible que sans l'utilisation du break-even. Cela a réduit la volatilité de la courbe des actions, mais a également réduit le bénéfice, ce qui signifie que nous avons parfois été stoppés parce que nous avions changé notre stop-loss pour le break-even, il s'agit donc d'un compromis entre le risque et la récompense, vous diminuez votre risque, mais vous obtenez également moins de rendement.

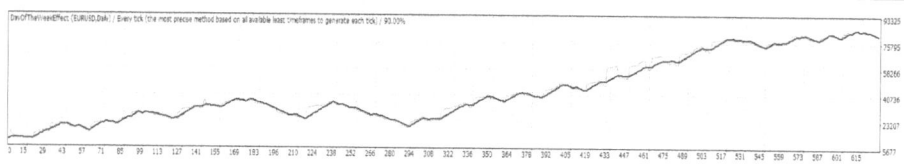

Methode	Average profit	Sum profit	Total # of trades	Winning # of Trades	Standard deviation of profit	Rel #
Only SL & TP	138 $	86,413	357	626	487	7.09
SL & TP & Breakeven	114 $	71,480	428	626	408	6.99

Diagramme montrant l'équité avec également la fonction break-even, nous avons obtenu une courbe d'équité un peu plus lisse.

Stop-loss et Trailing stop

Dans cette stratégie, nous avons utilisé des moyennes mobiles, nous avons placé des transactions lorsque le marché était dans une tendance à la hausse. Il est important que vous vous souveniez du dicton du trader "coupez vos pertes et laissez courir vos profits". Il est correct d'avoir un stop-loss, mais un take profit prédéfini limitera nos profits dans une tendance haussière, car nous ne savons pas exactement jusqu'où elle ira. Nous avons donc dû exclure le take profit et inclure à la place une fonction de trailing stop. Nous avons augmenté notre profit moyen à 350 par transaction, augmenté nos profits à 213 636 et notre nombre Rel à 9,89. Lorsque nous avons inclus la fonction break-even, nous n'avons obtenu que 151 194 bénéfices et un Rel de 8,20, ce qui est inférieur à ce que nous avons obtenu en utilisant uniquement un stop-loss et un trailing stop. Je ne vais pas inclure la fonction break-even à l'avenir pour cette stratégie. Nous suivrons le stop en dessous des récents points bas plus élevés.

Methode	Average profit	Sum profit	Total # of trades	Winning # of Trades	Standard deviation of profit	Rel #
Only SL & TP	138 $	86,413	357	626	487	7.09
SL & TP & Breakeven	114 $	71,480	428	626	408	6.99
SL & TP & Trailingstop	350 $	213,636	305	610	875	9.89
SL & TP & Breakeven & Trailingstop	242 $	151,194	425	626	737	8.20

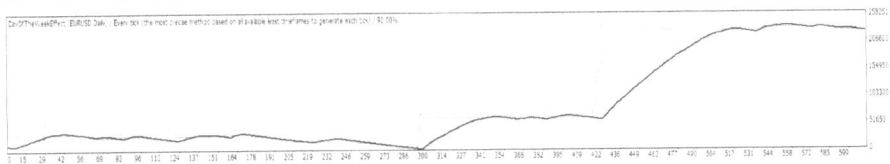

Diagramme montrant l'équité avec seulement la fonction stop-loss et trailing-stop

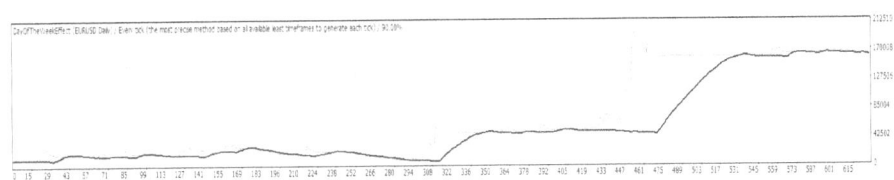

Diagramme montrant l'équité avec seulement les fonctions stop-loss, break-even et trailing-stop.

Test hors échantillon

La période de test hors échantillon s'étendait du 01.01.2012 au 01.09.2016. Nous avons obtenu des résultats décevants, pour être plus direct, nous avons perdu tout notre capital de trading et avons été stoppés. En tant que traders, nous voulons savoir si nos résultats seront valables à l'avenir. Nous savons qu'il existe différentes façons de gérer les trades qui amélioreront nos résultats.

La volatilité est très importante, l'EURUSD se négociait dans un range depuis 2014, il ne faut donc pas utiliser les stop-loss et take profit optimisés dans la période précédente, aucun des outils de gestion des trades n'est dynamique ou valable sans tenir compte de la volatilité.

Methode	Average profit	Sum profit	Total # of trades	Winning # of Trades	Standard deviation of profit	Rel #
Only SL & TP	138 $	86,413	357	626	487	7.09
SL & TP & Breakeven	114 $	71,480	428	626	408	6.99
SL & TP & Trailingstop	350 $	213,636	305	610	875	9.89
SL & TP & Breakeven & Trailingstop	242 $	151,194	425	626	737	8.20
Out of Sample	-127 $	(9,770)	22	77	216	-5.16

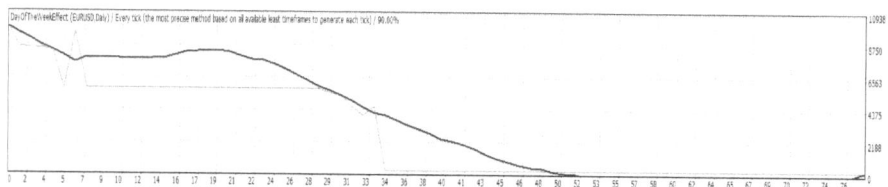

Diagramme montrant les résultats des tests d'équité hors échantillon

Résumé

Nous avons montré l'importance des différents styles de gestion des transactions et l'importance de la volatilité dans notre stratégie. Le marché actuel peut être différent du marché que nous avons connu pendant notre période de test. EURUSD était notre paire de test et en arrière-plan, 2013, les marchés boursiers américains et européens étaient à des sommets historiques, les gens attendaient un crash ou une excuse pour que cette paire de devises sorte du modèle de continuation. La paire avait été négociée dans une fourchette étroite et les acteurs du marché voulaient une rupture à la hausse ou à la baisse.

Il est important de garder à l'esprit que votre stratégie échouera si vous ne tenez pas compte de la volatilité du marché. Si vous faites du day trading et que vous utilisez un stop-loss de 20 pips et un take profit de 100 pips, mais que vous constatez qu'en moyenne la fourchette quotidienne a été de 60 pips, vous n'atteindrez jamais votre take profit. Si vous avez une stratégie de tendance, vous n'atteindrez jamais le plein potentiel de la transaction si vous n'utilisez que le take profit, il est bien mieux de placer le stop en dessous du plus haut ou du plus bas récent. Vous pouvez voir sur le diagramme de la courbe des actions que si nous n'avions qu'un stop-loss et un stop suiveur dans la première moitié de la transaction, nous n'avons pas gagné beaucoup de bénéfices. Cela est dû au fait qu'à ce moment-là, la fourchette n'était pas aussi large. Par conséquent, l'utilisation d'un take profit et d'un stop-loss ne donnera pas des résultats optimaux. Une alternative consiste à réoptimiser les paramètres chaque mois en utilisant les données de l'année ou du trimestre précédent. Je préfère utiliser des paramètres basés sur la volatilité.

CHAPITRE 3:
Effet du jour de la semaine : introduction de la volatilité

Dans les chapitres précédents, nous nous sommes concentrés sur l'anomalie de l'effet du jour de la semaine et sur la façon dont il peut être amélioré. Nous allons continuer à améliorer la stratégie en introduisant la volatilité. Tout trader vous dira que la volatilité est dynamique, elle change constamment, parfois nous avons un excès de volatilité, d'autres fois nous avons une contraction. Si vous optimisez votre stratégie lorsque le marché a une volatilité excessive et qu'au moment de l'exécution de la transaction, la volatilité diminue, vous n'atteindrez probablement pas votre niveau de prise de bénéfices. Au contraire, vous verrez que vos stops seront fréquemment atteints. Il est important que vos niveaux de risque et de récompense soient fonction de la volatilité actuelle du marché. Juste avant le Brexit, par exemple, la paire GBPUSD a évolué bien au-delà de son schéma normal de mouvement de prix. Nous avons constaté une volatilité excessive en raison des nombreux bulletins d'information contradictoires et souvent confus avant le dernier vote. Si, en tant que day trader, vous aviez placé une transaction avec un stop-loss de 20 pips, vous auriez souvent constaté que votre transaction atteignait le stop-loss, puis s'inversait rapidement après l'avoir atteint. Nous avons montré précédemment à quel point les résultats peuvent être médiocres lorsque nous ne tenons pas compte de la volatilité. Je vais maintenant vous montrer la différence qui existe lorsque vous incluez la volatilité dans votre gestion des transactions.

Méthode

En gardant notre stratégie de l'Effet Jour de la Semaine, nous allons ouvrir la transaction sur le premier tick du vendredi. La paire testée est la même que celle utilisée dans les exemples précédents, EURUSD. Notre période de test est le 01.01.1990-01.01.2012. Le solde de départ sera de

10 000 USD et le montant par transaction sera de 0,1 lot. Nous allons apporter une modification à notre signal d'entrée par rapport à notre dernier essai. Plus tôt, nous avons mentionné que cette stratégie est une stratégie de tendance, en d'autres termes, nous achetons si la tendance est à la hausse. Cela s'applique à la fois aux tendances à long et à court terme. En tant que traders, nous savons que cela peut également nous donner de nombreuses exécutions stop-loss si le marché dépasse les limites. Si nous nous contentons d'entrer et d'acheter au prix du marché, celui-ci se situera dans une fourchette, ce qui donne normalement un mauvais rapport risque-récompense par rapport au dernier sommet. C'est pourquoi il est préférable d'acheter sur les pullbacks, car vous avez alors plus de distance par rapport au sommet précédent, et un meilleur rapport risque/récompense. L'exécution est la suivante : la tendance à long terme 20 notre EMA est au-dessus de la 60 EMA, cependant la tendance à plus court terme la 5 EMA est en dessous de notre 20 EMA. C'est vendredi, nous avons ouvert le trade avec nos paramètres. Nous n'avons pas acheté aveuglément, mais sur le pullback comme les traders expérimentés aiment le faire. Nous aurons moins de transactions, mais c'est une bonne chose.

Stop-loss et Take-profit dynamiques

Nous avons ajusté notre stop-loss et notre take-profit en fonction de la volatilité actuelle. Cela implique qu'ils s'ajusteront en fonction de la volatilité actuelle, puis nous avons optimisé les différents paramètres. Nous avons obtenu les résultats suivants :

Method	Average profit	Sum Profit	# of winning trades	# of total trades	Standard deviation	Rel number
SL & TP	26.0	4497	98	173	234	1.46

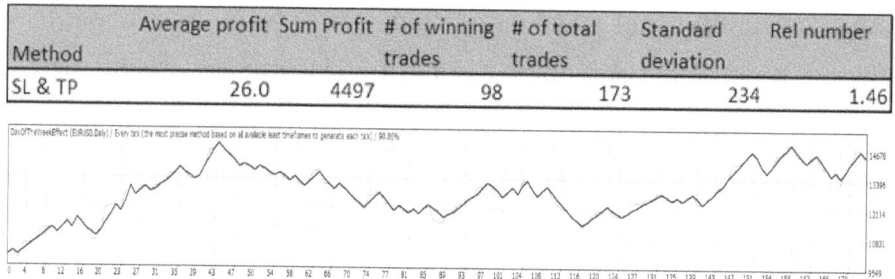

Diagramme montrant la courbe d'équité en utilisant uniquement le stop-loss et le take-profit de la volatilité.

Nous avons obtenu un profit total de 4,497 pendant la période de test et un nombre Rel de 1.46 et un profit moyen de 26.

Stop-Loss, Take-Profit et seuil de rentabilité dynamiques

Nous allons maintenant introduire un seuil de rentabilité qui sera fonction de la volatilité actuelle et avec cela nous avons augmenté le bénéfice moyen à 33,9, le bénéfice total à 5 687 et le nombre Rel à 2,05. La volatilité de la courbe des actions a diminué, et certains de nos trades perdants sont devenus des trades gagnants grâce à l'ajout du break-even. En utilisant cette fonction, nous avons également bloqué certains bénéfices au-dessus de notre prix d'entrée.

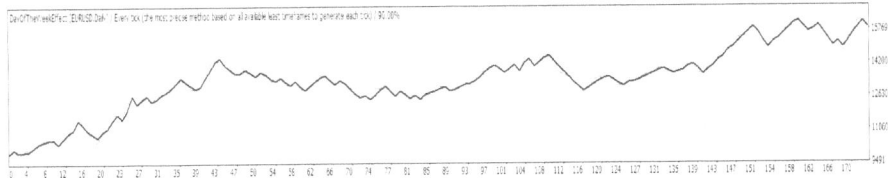

Method	Average profit	Sum Profit	# of winning trades	# of total trades	Standard deviation	Rel number
SL & TP	26.0	4497	98	173	234	1.46
SL & TP & Breakeven	33.9	5867	108	173	218	2.05

Diagramme montrant la courbe des actions en utilisant uniquement la volatilité stop-loss, take-profit et break-even, nous avons obtenu une courbe des actions plus lisse.

Trailing Stop

Lorsque nous utilisons le trailing-stop en dessous du sommet inférieur précédent, nous avons une certaine distance en dessous du bas de cette bougie. Je présenterai également cette distance entre le sommet inférieur précédent et le stop-loss en fonction de la volatilité récente. En substance, nous n'avons pas de stop-loss, nous laissons le trailing-stop faire le travail, avec cela nous avons vu les résultats suivants :

Method	Average profit	Sum Profit	# of winning trades	# of total trades	Standard deviation	Rel number
SL & TP	26.0	4497	98	173	234	1.46
SL & TP & Breakeven	33.9	5867	108	173	218	2.05
Trailing stop	87.4	15119	68	173	370	3.11
Trailing stop + Breakeven	95.8	16572	90	173	360	3.50

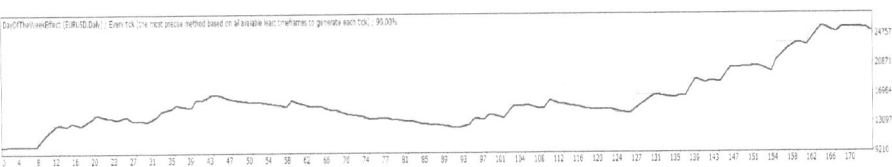

Diagramme montrant la courbe d'équité avec seulement le trailing-stop

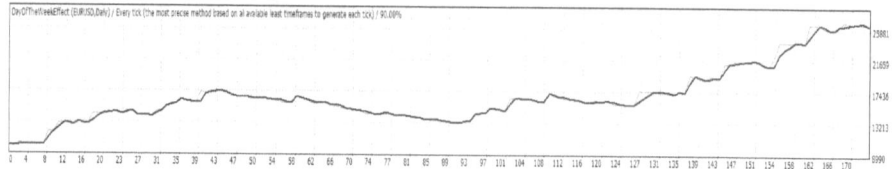

Diagramme montrant la courbe d'équité avec seulement le trailing-stop et le seuil de rentabilité.

Nous constatons qu'en utilisant le trailing-stop, nous avons presque triplé notre rendement moyen, mais que nous avons moins de transactions gagnantes car, dans l'ensemble, nous avons augmenté notre bénéfice total à 15 119 et le nombre de Rel a augmenté à 3,11, ce qui est une amélioration. Ensuite, nous avons introduit une fonction de seuil de rentabilité où nous avons bloqué certains bénéfices après que le marché ait bougé, ceci est également une fonction de la volatilité. Nous avons augmenté notre profit et le nombre Rel à 3,5, une différence notable. La dernière fois que nous avons introduit le seuil de rentabilité, nous avons obtenu de moins bons résultats que lorsque nous l'avons laissé de côté. Cette fois, lorsque le seuil de rentabilité est une fonction de la volatilité, nous avons obtenu de meilleurs résultats. Cependant, ce qui est plus important, ce sont les résultats hors échantillon.

Test hors échantillon

Nous avons affiné la stratégie et l'objectif est de l'optimiser sur les données de l'échantillon et d'obtenir de bonnes données hors échantillon. Les données hors échantillon sont celles du 01.01.2012-01.09.2016.

Method	Average profit	Sum Profit	# of winning trades	# of total trades	Standard deviation	Rel number
SL & TP	26.0	4497	98	173	234	1.46
SL & TP & Breakeven	33.9	5867	108	173	218	2.05
Trailing stop	87.4	15119	68	173	370	3.11
Trailing stop + Breakeven	95.8	16572	90	173	360	3.50
Out of sample test	37.3	1232	20	33	185	1.16

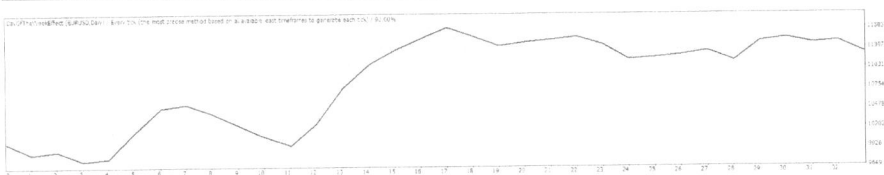

Diagramme du test hors échantillon

Nous avons obtenu un profit total de 1,232 et un nombre de Rel pour 1.16, et 20 des 33 trades ont été rentables. En fait, je suis satisfait des résultats car la paire même si elle avait une tendance baissière au début de l'année 2014, elle a fini par faire un range vers la fin de l'année. Cette stratégie de tendance haussière est restée sur les mêmes niveaux pendant une période de range bound, ce qui est une bonne chose. Le plus souvent, lorsque le marché passe d'un sentiment à un autre, les gens subissent des pertes énormes. Nous sommes cependant restés à peu près au même niveau avec seulement de petites pertes.

Résumé

Il n'y a plus grand-chose à changer ou à ajuster dans cette méthode. Il est temps pour nous de décider si la stratégie de l'Effet Jour de la Semaine peut être utilisée ou non. Ma conclusion est qu'elle peut être utilisée et qu'elle est toujours valable, mais pas avec l'ancienne façon dont les traders l'ont utilisée pour gérer les transactions. Vous devez utiliser les ruptures de séance et bloquer vos bénéfices lorsque la transaction évolue dans votre sens. Nous avons constaté que lorsque nous ne tenions pas compte de la volatilité, nous obtenions de bien meilleurs résultats en échantillon. Nous avons ensuite perdu tout notre argent dans la période hors échantillon, lorsque nous ne tenions pas compte de la volatilité. Mais lorsque nous avons optimisé la prise en compte de la volatilité, nous avons obtenu des résultats hors échantillon acceptables.

Je ne recommande à personne de placer tout son argent sur une seule paire. Il est essentiel que vous diversifiiez votre risque entre des paires de devises non corrélées et des titres non corrélés. Par conséquent, si une paire varie, ne rapporte pas beaucoup d'argent ou subit une perte, l'autre sera dans une tendance à la hausse. Vos pertes sur la paire ou le titre qui varie seront compensées par les bénéfices plus importants que vous réaliserez sur la devise/le titre qui est dans une tendance. J'ai exécuté cette stratégie en essayant d'acheter à différents jours*Lundi, mardi, etc., en utilisant les mêmes paramètres pour gérer le trade, j'ai également reçu le résultat que le vendredi était le meilleur jour pour acheter dans un marché à tendance haussière pour le test.

CHAPITRE 4:
Quels sont les profits réalistes à viser sur le marché ?

Lorsque de nombreuses personnes commencent à trader, moi y compris, on nous dit souvent que c'est un bon moyen de gagner de l'argent en peu de temps. J'ai développé quelques stratégies et elles ont bien fonctionné au début, mais elles ont aussi inclus d'énormes drawdowns. Avec ce type de résultats, il est facile de conclure que quelque chose n'allait pas dans la stratégie. À un moment donné, j'avais des rendements de 20 % par mois, ce qui signifiait que je doublais mon capital en six mois. Certains mois, j'ai même eu des rendements de 30 %.

Aussi bons que fussent ces rendements, les retraits spectaculaires étaient le signe que les choses étaient loin d'être parfaites. Je suis alors parti en mission pour tenter de découvrir quelles étaient les limites et quels étaient les rendements réalistes. Par où commencer ? Dois-je lire les forums ? Pas vraiment, ils sont généralement remplis de personnes non vérifiées qui se vantent d'avoir doublé leur compte en un mois, etc. sans vous donner accès à leurs données commerciales. Malheureusement, même les données commerciales peuvent être falsifiées.

Je voulais savoir comment les autres professionnels s'en sortaient, en comparant mes résultats à ceux des traders institutionnels. Il s'agit des personnes qui reçoivent des salaires et des primes généreux pour gagner de l'argent en négociant/investissant pour les grands fonds d'investissement et les banques.

Pour atteindre mes objectifs de recherche, il existe des outils utiles comme le Barclay Currency Traders Index et le Barclay Systematic

Traders Index. Ils suivent les résultats de plus de 400 traders systématiques et manuels de devises audités à long terme.

Traders systématiques

Année	Perf.	Année	Perf.	Année	Perf.
1980	-	1993	8.19%	2006	2.10%
1981	-	1994	-3.10%	2007	8.72%
1982	-	1995	15.27%	2008	18.16%
1983	-	1996	11.58%	2009	-3.38%
1984	-	1997	12.76%	2010	7.82%
1985	-	1998	8.12%	2011	-3.83%
1986	-	1999	-3.71%	2012	-3.20%
1987	63.01%	2000	9.89%	2013	-1.10%
1988	12.22%	2001	2.99%	2014	10.32%
1989	1.18%	2002	12.09%	2015	-2.92%
1990	34.58%	2003	8.71%	2016	0.32%†
1991	13.37%	2004	0.54%		
1992	3.25%	2005	0.95%		

†Estimated YTD performance for 2016 calculated with reported data as of October-21-2016 12:08 US CST

At a Glance from Jan 1987

Compound Annual Return	7.56%
Sharpe Ratio	0.34
Worst Drawdown	22.07%
Correlation vs S&P 500	-0.04
Correlation vs US Bonds	0.11
Correlation vs World Bonds	-0.04

Les bénéfices annuels composés depuis 1987 sont de 7,56%.

Les traders de devises

At a Glance from Jan 1987

Compound Annual Return	6.54%
Sharpe Ratio	0.32
Worst Drawdown	15.26%
Correlation vs S&P 500	-0.02
Correlation vs US Bonds	0.13
Correlation vs World Bonds	-0.02

Année	%	Année	%	Année	%
1980	-	1993	-3.33%	2006	-0.12%
1981	-	1994	-5.96%	2007	2.59%
1982	-	1995	11.49%	2008	3.50%
1983	-	1996	6.69%	2009	0.91%
1984	-	1997	11.35%	2010	3.45%
1985	-	1998	5.71%	2011	2.25%
1986	-	1999	3.12%	2012	1.71%
1987	29.56%	2000	4.45%	2013	0.87%
1988	4.28%	2001	2.71%	2014	3.35%
1989	18.89%	2002	6.29%	2015	4.65%
1990	57.74%	2003	11.08%	2016	0.25%[†]
1991	10.94%	2004	2.36%		
1992	10.27%	2005	-1.21%		

[†] Estimated YTD performance for 2016 calculated with reported data as of October-21-2016 12:08 US CST

Les traders de devises ont enregistré des bénéfices annuels composés de 6,54% depuis 1987.

Le meilleur fonds avait un rapport Profit/tirage maximal de 1, mais la moyenne était de 0,5 pour tous les fonds. Cela signifie que les "grands" ont également connu des drawdowns deux fois supérieurs aux rendements. Dans une perspective à long terme, ils ont été globalement bénéficiaires.

CHAPITRE 5:
Croissance rapide à court terme contre croissance lente à long terme

Nous allons examiner deux façons d'opérer sur le marché, à court terme avec une croissance rapide et à long terme avec une croissance lente. Le moteur de la croissance rapide est l'effet de levier élevé auquel les traders ont accès sur les marchés. Cet effet de levier vous permet de négocier avec une exposition au marché beaucoup plus importante que les fonds dont vous disposez sur un compte. Cela signifie également que vous pouvez vous ouvrir à des risques supplémentaires, certains pourraient même dire que vous jouez. Le risque de perte totale du capital peut être élevé. Le risque accru est couplé à l'opportunité d'avoir une croissance plus rapide. La deuxième approche consiste à développer des stratégies qui vous permettent de réaliser des profits plus faibles tout en ayant un risque plus faible.

La première approche (rapide et à haut risque) est considérée par beaucoup comme un jeu avec votre capital et présente régulièrement un taux d'échec élevé. Le succès, lorsqu'il se produit, est largement dû à la chance et ne dure généralement pas longtemps. Seul un petit pourcentage de personnes qui tentent des opérations rapides et à haut risque obtiennent des récompenses financières.

Certaines des personnes qui réalisent des bénéfices importants grâce à leurs entreprises initiales à haut risque, tirent parti de leur succès pour vivre de ce capital en négociant ultérieurement des méthodes à moindre risque. Cependant, comme indiqué, le risque de perte totale du capital est élevé et les probabilités de succès sont faibles. Je vous suggère de vous efforcer de constituer progressivement un capital avec une stratégie à faible tirage pour limiter les pertes.

Le trading sur le Forex consiste à effectuer des transactions calculées tout en gardant à l'esprit la préservation du capital et la gestion des risques. Votre objectif initial est de survivre sur le marché. La survie est l'une des choses les plus importantes pour un trader et la raison pour laquelle la préservation du capital doit être exécutée de manière agressive. Le contrôle du risque doit être une priorité avant de viser les profits. Vous devez davantage réfléchir à la manière dont vous éviterez de perdre de l'argent sur le marché qu'au montant du capital que vous souhaitez retirer. Comme je le dis dans les cours que je donne, "faites en sorte que l'échec soit supportable". Avec cette base et cette compréhension que vous avez, nous pouvons passer à la prochaine série de stratégies.

Vous pouvez consulter les indices Barclays ici :
http://www.barclayhedge.com/research/indices/cta/sub/sys.html

CHAPITRE 6:
Les géants contre les petits traders

Dans ce chapitre, je vais vous révéler d'autres informations sur les marchés financiers, notamment les différences entre le petit trader moyen et les institutions.

Faire la moyenne des prix n'a pas de sens

Lorsque j'ai commencé à travailler en tant que trader, il était courant d'entendre "faire la moyenne du prix". Au début, cela me semblait étrange et n'avait pas beaucoup de sens pour moi. Pourquoi les gens devraient-ils acheter plus d'un titre si celui-ci est en baisse ? Essayez d'y réfléchir en tant que personne rationnelle : investiriez-vous plus d'argent là où vous subissez déjà des pertes ? Non, et cela n'a aucun sens non plus pour l'investisseur moyen. On nous a également dit "coupez vos pertes et laissez vos profits courir", et c'est une très bonne stratégie de trading. Une autre des premières leçons était que nous devrions avoir un rapport risque/récompense d'au moins 1:2. C'est dans notre nature d'opportunistes, nous préférons généralement parier lorsque l'espérance de gain est plus en notre faveur. Cela est particulièrement vrai lorsque nous savons que l'argent que nous investissons sera au moins doublé si nous avons raison, et moins perdu si nous avons tort. Même un imbécile qui n'a qu'une banane ne veut pas la parier s'il sait qu'elle ne lui rapportera pas au moins deux, nous voulons le double du montant que nous risquons.

Rien n'est gratuit, même pas l'eau.
Lorsque vous trouvez une bonne recette, et que vous la suivez étape par étape, vous devriez avoir devant vous un gâteau savoureux ou un plat délicieux. On vous a dit que si vous suivez exactement la recette, vous obtiendriez ce résultat. De la même manière, nous

traders/investisseurs, croyons que si nous lisons des livres ou regardons des vidéos et suivons simplement ces instructions, nous obtiendrons un plan solide qui nous aidera à réussir. Cependant, ce que nous oublions, et qui est parfois mentionné dans ces sources, c'est que nous payons pour apprendre le trading. Les bénéfices ne viennent pas sans risque. Vous devez risquer une certaine somme d'argent pour obtenir de l'argent du marché. Vous lirez sur le traditionnel rapport risque/récompense de 1:2. Ce qu'ils vous offrent, c'est un rapport entre le coût du livre et la richesse. Il est peu probable que quelqu'un donne ses stratégies de trading complètes pour devenir millionnaire ou milliardaire dans un livre de 25 dollars tout en vous apprenant à avoir un rapport risque/récompense de 1:2. Ce n'est pas toute l'histoire, le rapport 1:2 a ses mérites, mais personne ne fera cette transaction avec vous, même le fou souriant refusera votre offre de 25 dollars s'il connaît une stratégie pour devenir riche rapidement qui fonctionne vraiment. Une autre raison pour laquelle AUCUNE revendication de richesse instantanée n'est faite dans ce livre.

Sur les marchés, c'est vous contre le reste du monde de la négociation, les chances de gagner sont meilleures pour les plus préparés. Lorsque vous gagnez de l'argent, quelqu'un de l'autre côté en perd, ce n'est pas comme gagner des bénéfices sur des fruits que vous récoltez. N'oubliez pas que vous retirez de l'argent de la poche de quelqu'un et qu'il ne laissera pas cela se produire facilement. Même le retrait de vos propres fonds d'une banque est payant de nos jours, et oui, vous payez même pour l'eau qui est une source naturelle gratuite.

Solution au problème

Supposons que vous ayez utilisé 4 ans de votre temps libre, vos week-ends et vos nuits pour devenir un trader prospère. Vous avez lu tous les livres auxquels vous pouviez penser. Vous avez lu de nombreuses sources en ligne qui devraient vous aider à réussir, mais rien ne vous a aidé. Vous commencez alors à réfléchir à ce qui pourrait clocher dans votre approche, alors qu'il semble que les autres y parviennent. Une erreur de jugement cruciale a été de faire aveuglément confiance à certains ouvrages écrits sur l'investissement. Après réflexion, vous auriez conclu que rien n'est gratuit et que si cela existe, c'est trop beau pour être vrai. C'est ce qu'a vécu un de mes amis trader. Il a alors commencé à ajouter des livres de philosophie à sa liste de lecture. Les philosophes sont des penseurs critiques, cela l'a aidé à devenir critique et à penser différemment, qui sont de grandes qualités à avoir en tant que trader.

Si je me souviens bien, mon ami ne fait même pas confiance aux médecins. Pour beaucoup de gens, les médecins sont l'une des professions auxquelles ils font le plus confiance. Vous feriez probablement plus confiance à un médecin qu'à un banquier. Cette impulsion de confiance n'est pas aussi directe qu'on pourrait le croire. La littérature médicale, tout comme la littérature financière, est également basée sur des études et des résultats empiriques dans lesquels vous avez une hypothèse que vous essayez de rejeter ou de prouver qu'elle est significative. Vous tentez de relier une cause et un résultat, si vous faites A, B se produira. N'oubliez pas que ces études, en nombre considérable, sont exposées à une grande part d'aléatoire que les auteurs ont probablement essayé de vous "vendre" ou en adaptant une théorie aux résultats. Cela me rappelle le dicton : "Si vous torturez suffisamment les données, elles avoueront". De plus, dans ces études, il y a 5 % de chances que les résultats soient faux ou non significatifs. La leçon à tirer est qu'il faut être plus minutieux et ne pas accepter d'informations sans évaluation rationnelle avant de prendre sa décision.

Pour renforcer mon propos, vous devriez essayer d'acheter une action (sur un compte de démonstration) la prochaine fois qu'un journal financier publiera une information sur l'augmentation des bénéfices d'une société cotée. Cela vous permettra de comprendre concrètement ce que j'écris. J'ai souvent constaté qu'une action plonge après une telle "bonne" nouvelle. Qui paie la facture ? l'investisseur moyen, qui gagne de l'argent ? les professionnels bien sûr, c'est pourquoi je recommande cette pratique de penser de manière critique et d'apprendre des personnes qui négocient. Par exemple, Warren Buffet est connu pour prendre de bonnes décisions d'investissement que vous pouvez également copier, mais vous devez avoir les mêmes objectifs que lui. Il est un investisseur de valeur à long terme

La triste vérité
Cette vérité concerne la façon dont les fonds de pension et les fonds spéculatifs professionnels négocient leur argent. Pour ceux qui cherchent ou ont besoin d'une autre perspective sur ce sujet, je vous suggère de regarder le film "The Big Short". Si vous n'avez pas le temps de regarder le film en entier, vous pouvez regarder les bandes-annonces sur YouTube pour avoir une idée de ce dont il s'agit. Dans le film, les grands fonds d'investissement vendent et vendent encore plus lorsque leurs positions initiales subissent des pertes. Ces acteurs du marché ont pu maintenir leurs positions parce qu'ils ont emprunté de l'argent pour répondre aux exigences de marge. Dans le film, on explique en détail comment ces personnes ont gagné des milliards de dollars lors de la

dernière crise financière. Ils étaient initialement à découvert et, lorsque le marché a augmenté, ils ont vendu encore plus à découvert au prix le plus élevé, sans utiliser de limite de perte.

Plus d'informations sur les stop-loss. Les investisseurs comme Warren Buffet n'opèrent pas dans le monde des stop-loss. Ils ne cherchent pas à sortir à la baisse du prix d'une position longue. Warren Buffet et les traders institutionnels n'utilisent pas les stop-loss et ils peuvent se permettre de ne pas le faire car ils ont les poches profondes. Les fonds d'investissement peuvent rester longtemps dans une transaction perdante parce qu'elle ne représente qu'une petite partie de leur portefeuille plus large et qu'ils disposent d'un montant presque inimaginable de capital pour les exigences de marge.

Ceci est tiré d'un article de "Marketwatch" qui raconte que Buffet a acheté encore plus lors d'une vente à découvert :

Warren Buffett a montré que la vente des actions de Wells Fargo & Co. cette année l'a rendu encore plus amoureux du géant bancaire, puisqu'il a augmenté sa participation dans la société à 504,3 millions d'actions, selon les documents réglementaires.

L'action de Wells Fargo, WFC, -0,23%, a chuté de 1,3% mardi, ce qui suggère que Buffett a perdu environ 327,8 millions de dollars sur sa participation ce jour-là.

Lien vers l'article : http://www.marketwatch.com/story/warren-buffett-buys-more-wells-fargo-stock-on-a-dip-2016-03-29

Le gourou a pu avoir une position ouverte avec une perte de 327,7 millions de dollars, mais au lieu de montrer des signes d'inquiétude, il a continué à augmenter sa participation. L'investisseur moyen aurait du mal à garder la tête froide avec une position perdante de quelques milliers de dollars (USD). J'espère que la différence devient plus claire maintenant. Permettez-moi d'expliquer davantage comment les choses sont très différentes lorsqu'un investisseur moyen négocie et lorsque les grandes institutions négocient.

Trader moyen:
Il ouvre une position longue sur un titre dont le risque est trop élevé par rapport à l'ensemble de son portefeuille. Notre trader sait que si ce titre tombe en dessous d'un certain montant, son compte sera affecté et il sera arrêté. De plus, s'il ne ferme pas la position, il n'aura pas assez de capital pour effectuer d'autres transactions. Pour éviter ce scénario, le stop-loss est exécuté et une perte est prise sur la transaction. Notre investisseur trouve un nouveau titre et il rince et répète la stratégie.

Les geants:
Ils ont un plan de transaction, ils n'ont généralement qu'une petite partie de leur portefeuille investie dans un seul titre et ils ont une stratégie de sortie. Ils ont également effectué une analyse "what if" de leur transaction avant de l'ouvrir. S'ils sont en position longue et que le titre chute, c'est un jackpot potentiel pour eux. Ces institutions ont la possibilité d'acheter davantage à un prix inférieur, puis d'acheter à nouveau, peut-être même de doubler leur position initiale. Si tout va mal et que le courtier lance un appel de marge, il leur suffit d'emprunter de l'argent à leur réseau ou de négocier les exigences de marge.

Qu'est-ce que la plupart (pas tous) des petits traders inexpérimentés sont incapables de faire ? Premièrement, ils peuvent facilement emprunter d'énormes sommes d'argent, deuxièmement, ce qui aggrave encore les choses, ils n'ont généralement pas de stratégie de sortie ou de plan de transaction. Beaucoup veulent simplement ouvrir une transaction sans même y réfléchir.

CHAPITRE 7:
La stratégie de la martingale expliquée

ci, je vais mettre en évidence et expliquer une technique qui a permis de réaliser des profits incroyables sur une période de 5 à 6 ans dans le cadre de notre test. Les résultats sont révélés vers la fin du chapitre !

La stratégie que nous allons examiner s'appelle Martingale. Fondamentalement, elle exige que vous augmentiez la taille de votre lot et que vous achetiez davantage lorsque votre position initiale est dans le rouge. Vous devez respecter une certaine distance entre les ordres afin de donner de la marge à votre transaction. À propos, cette stratégie est également utilisée par les parieurs, afin de vous mettre en garde.

Cette technique de Martingale m'intéresse depuis un certain temps, mais il m'était difficile de la comprendre pleinement en pratiquant uniquement le trading manuel. Mon collègue et moi avons donc écrit un script et créé un algorithme. Nous avions un signal d'entrée qui était en fait mauvais et en plus nous avions un take-profit. L'intervalle de temps utilisé était de 30 minutes et la taille du lot était de 0,01, avec un solde de départ de 10 000 USD.

Après l'exécution de la transaction initiale, nous avons placé 5 ordres de vente à cours limité au-dessus de notre signal d'entrée.

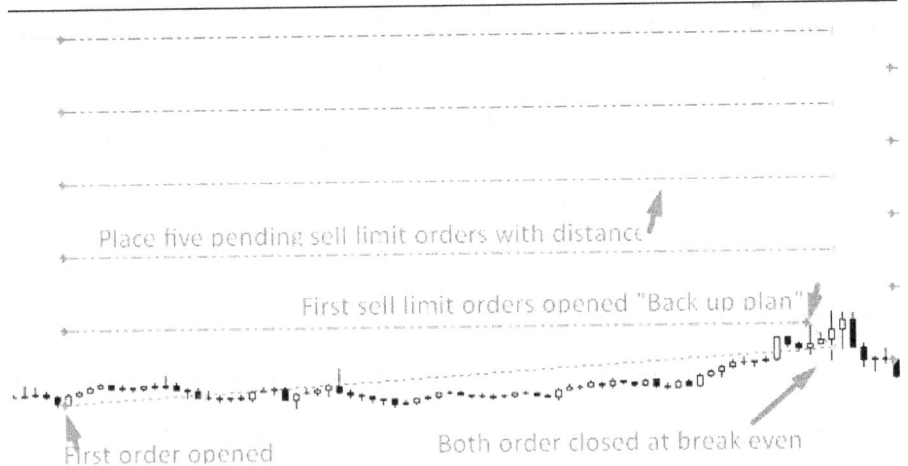

Vous pouvez voir sur le diagramme que l'un des ordres en attente a été déclenché et que, peu après, les deux ordres ont été fermés au seuil de rentabilité.

Voici un autre exemple de notre stratégie.

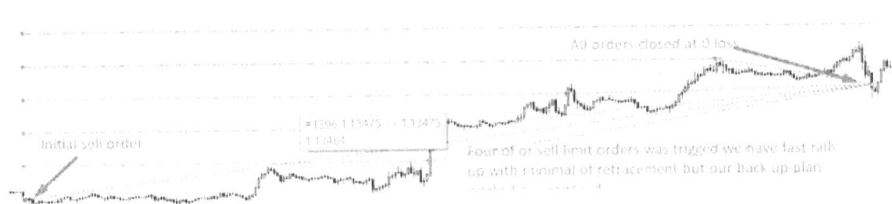

Ici, nous avons deux mécanismes de fermeture : l'un n'est utilisé que si l'ordre initial s'est ouvert, c'est le déclencheur de la stratégie, l'autre est utilisé si l'un des ordres en attente est déclenché, puis nous fermons lorsque le profit total ouvert est de 0, ou le seuil de rentabilité. Vous pouvez voir que l'ajout à une position perdante est utilisé comme sauvegarde si nous nous sommes trompés. Je n'ai rien optimisé, la paire de test était EURUSD et la période était 01.01.2010-10.26.2010.

Nous avons obtenu les résultats suivants :

	Average profit	Sum profit	Winning trade	Total trades	Standard dev	Relnumber
0.1 Startoning lot	45	20066	244	450	307	3
0.9 Starting lot	401	180598	244	450	2763	3
0.9 Starting lot and stoploss	207	86784	227	419	2710	1.6

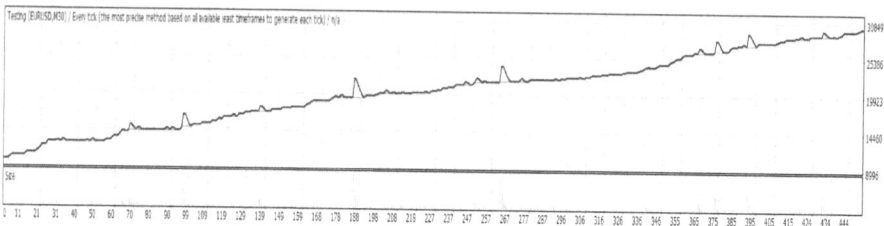

0.1 taille de lot de départ

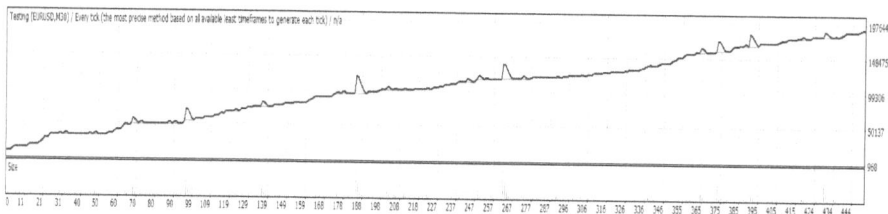

0.9 taille du lot de départ

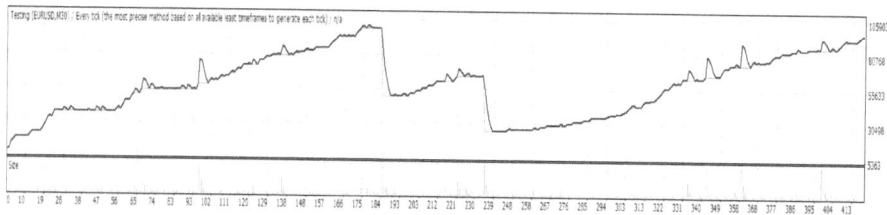

Avec un ordre stop-loss au lieu d'un cinquième ordre en attente.

Nous avons effectué un backtest à faible et à haut risque. Dans le test à faible risque, votre transaction initiale a une taille de lot de 0,1 et dans le test à haut risque, votre taille de lot initiale est plus élevée, soit 0,9. Avec 0,1, nous avons obtenu un rendement d'environ 200 % sur une période de 5 ans, avec une moyenne de 40 % par an. Avec le test à haut risque, vous obtenez des rendements encore meilleurs sur cette période de 5 ans. Vous pouvez voir que la courbe des actions a augmenté de façon linéaire, ce qui est également une bonne chose, vous ne subissez pas de drawdown.

Et si nous incluions également un filet de sécurité pour éviter un effondrement total du compte ? Ce que j'ai fait, c'est que j'avais 4 ordres en attente et que le dernier ordre en attente a été modifié avec un ordre stop-loss, ce qui signifie qu'au-dessus de ce niveau, tous les ordres ouverts auraient été fermés. J'ai réalisé un bénéfice plus faible, mais nous avons connu une augmentation de 800 % depuis 2010. Vous voyez aussi sur le diagramme que nous avons eu de gros drawdowns, pour moi c'est une bonne stratégie plutôt que d'en ajuster une autre pour ne faire que de l'argent moyen. Je suis à l'aise avec un certain niveau de risque, mais je n'aurais pas risqué plus de 10 000 USD si j'avais voulu investir dans cette stratégie.

Synthèse

Nous voyons que si nous voulons trader comme les grandes banques, nous devons nous débarrasser de la mentalité de l'utilisation du stop-loss. Lorsque les institutions sont en mode achat d'un titre, elles sont vraiment longues et si le titre baisse, elles en achètent simplement davantage à un niveau inférieur. Elles n'utilisent que rarement, voire jamais, un stop-loss. Ils opèrent sans stop parce qu'ils le peuvent. Ce que les petits traders peuvent risquer, c'est un appel de marge ou un stop-out si le titre ne remonte jamais. Ce que nous pouvons faire, c'est peut-être utiliser un stop-loss en plus, où vous ne placez que 4 ordres de vente à cours limité, mais si le prix augmente encore, nous fermons simplement tous nos ordres et prenons la perte. Si j'étais un investisseur passif, je préférerais cette technique plutôt que de toujours me faire chasser par les courtiers et de perdre des transactions. Cette stratégie doit être envisagée, mais de préférence avec un risque faible, des lots de petite taille et dans le cadre d'un portefeuille plus large. Regardez la croissance régulière de la courbe des actions, nous n'avons jamais eu de drawdown, ce qui est un bon signe pour gagner de l'argent comme le font les grands traders.

CHAPITRE 8:
Devenir des gagnants
Comment les professionnels
gèrent-ils leurs transactions ?

a stratégie de la martingale, comme nous l'avons vu, consiste simplement à acheter encore plus lorsque le marché va à votre encontre. Il existe également une autre stratégie appelée l'Anti-martingale. Celle-ci consiste à doubler ou tripler votre investissement lorsque vous réalisez des bénéfices. Dans notre scénario, vous êtes entré sur le marché et êtes long sur une action avec un prix d'entrée de 50 $. Vous avez également une règle prédéfinie : si le marché monte à 55 $, vous déplacerez le stop-loss de la première transaction vers le seuil de rentabilité et vous ouvrirez une autre transaction avec le double de la taille du lot. Votre objectif de prix pour les deux transactions sera de 60 $.

L'avantage de cette stratégie est que lorsque vous avez raison, vous gagnez beaucoup plus d'argent que vous n'en perdez lorsque vous avez tort. pas besoin d'un mouvement important du marché, car vous avez augmenté le montant de votre transaction. C'est ce qu'on appelle "ajouter aux gagnants". L'inconvénient est que si le marché se retourne après avoir déclenché votre deuxième ou votre cinquième ordre, vous négociez maintenant avec des ordres supplémentaires et vous subirez des pertes plus importantes.

Scenario 1						
Trades	Amount	Price	SL	TP	Result	
1	0.0100	1.5610	1.5600	1.5590		-10
Total						-10
Scenario 2						
Trades	Amount	Price	SL	TP	Result	
1	0.0100	1.5610	1.5600	1.5590		0
2	0.0300	1.5600	1.5610	1.5590		-30
Total						-30
Scenario 3						
Trades	Amount	Price	SL	TP	Result	
1	0.0100	1.5610	1.5600	1.5590		20
2	0.0300	1.5600	1.5610	1.5590		30
Total						50

Scénario 1 : Seule la première transaction est déclenchée et le stop-loss est activé en cas de perte de -10.

Scénario 2 : les deux transactions sont déclenchées, mais le stop-loss de la première transaction est modifié pour atteindre le seuil de rentabilité, mais si le stop-loss de la deuxième transaction est déclenché, nous subissons une perte de -30.

Scénario 3 : Les deux transactions sont déclenchées, et les deux atteignent le take profit, nous obtenons un profit total de 50.

Signal d'entrée

Si nous avons un sommet au-dessus des bandes de Bollinger et que la bougie suivante clôture en dessous de la clôture précédente, nous ouvrons une transaction courte. (voir le diagramme)

Gestion du trade

Si le prix dépasse 100 pips, nous fermons la transaction. Si le prix est inférieur à 100 pips à partir du prix d'entrée, nous ouvrons une deuxième transaction avec le double du montant de la première transaction et nous changeons également le stop-loss de la première transaction en break-even. Le stop-loss de la deuxième position est le même que le prix d'entrée de la première position, c'est-à-dire 100 pips. Les deux positions ont un take-profit de 200 pips à partir du prix d'entrée de la première position. Nous avons utilisé une distance basée sur la volatilité, notre distance entre les ordres est fonction de la volatilité quotidienne. Ceci est important car, comme mentionné précédemment, la volatilité est différente à différents moments.

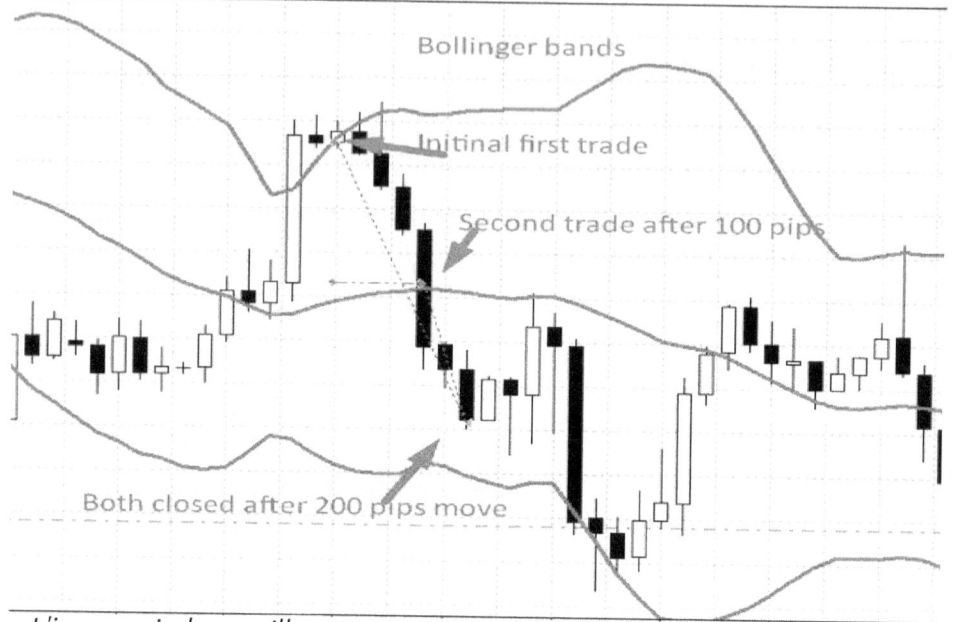

L'image ci-dessus illustre notre signal d'entrée et la gestion du trade.

Instrument de test : EURUSD

Période de test : 01.01.2009-01.01.2016

Solde de départ : 10 000 USD

Cadre temporel : Diagramme de 4 heures

Résultats du test :

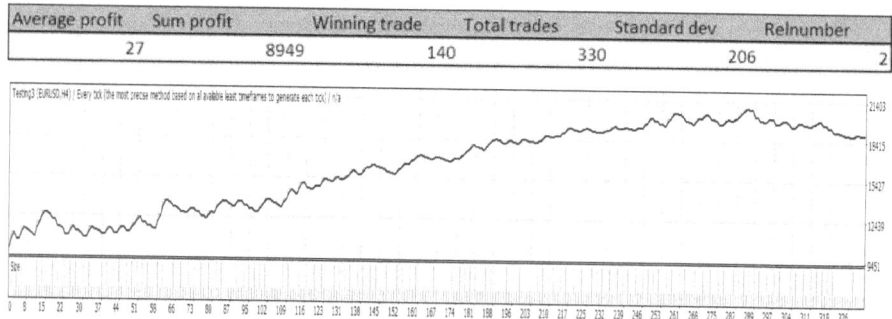

Au cours d'une période de 7 ans, nous avons eu environ 90% de profit, sur un total de 330 trades, 140 étaient des trades rentables. Vous voyez que la courbe d'équité augmente également de façon régulière, ce qui est une bonne chose, nous avons quelques pertes et quelques gains, mais en moyenne nous gagnons de l'argent.

Synthèse

En somme, cet outil de gestion des transactions est un bon moyen de traiter les transactions n'ayant pas un bon profil de gain. La courbe d'équité montre également que nous ne subissons pas d'énormes pertes. Le tout est de faire en sorte que la distance entre vos ordres soit fonction de la volatilité. La présente stratégie doit être envisagée si vous recherchez une alternative au traditionnel ratio risque/récompense de 1:2 ou 1:3. De nombreux traders professionnels emploient cette stratégie avec beaucoup de succès dans leurs échanges.

CONCLUSION

Nous tenons à vous remercier d'avoir parcouru ce document jusqu'à la fin de la section " Conseiller expert et stratégies de trading Forex". Nous espérons qu'il a été instructif et qu'il a pu vous fournir quelques outils supplémentaires pour atteindre vos objectifs de trading. La prochaine étape, comme je le recommande toujours dans mes livres, est de passer à l'action. Ouvrez un compte de démonstration auprès de votre fournisseur de services de trading préféré et testez les stratégies jusqu'à ce que vous obteniez les résultats que vous souhaitez avant d'ouvrir un compte réel.

J'ai d'autres livres qui ont prouvé leur utilité pour les traders et les investisseurs: *L'analyse technique du Forex expliquée* et *La programmation des conseillers experts pour les débutants : Maximum MT4 Forex Profit Strategies*.

PROFIL DE L'AUTEUR

Wayne Walker est le directeur d'une société de formation et de conseil sur les marchés financiers mondiaux (gcmsonline.info). Il a plusieurs années d'expérience dans la direction et l'encadrement d'équipes de conseillers en placement et a géré les équipes les plus performantes du groupe des clients privés sur la base des Bench Mark Earnings (BME).

www.ingramcontent.com/pod-product-compliance
Lightning Source LLC
Chambersburg PA
CBHW070128230526
45472CB00004B/1474